El universo

Escrito por
Richard Vaughan

GoodYearBooks

Si miramos hacia el cielo
¿qué vemos?

2

El sol que nos da luz en el día.

La luna que brilla en la noche.

4

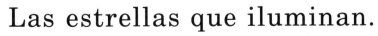
Las estrellas que iluminan.

El cometa que pasa.

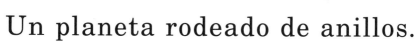

Un planeta rodeado de anillos.

¡Qué maravilloso es el universo!